W0390540

Fabian Brand · Esther Schulz

Das Nikolaus-Buch

Nikolaus segnet das Volk

Fabian Brand · Esther Schulz

Das Nikolaus-Buch

Wissenswertes zum Fest

HERDER

FREIBURG · BASEL · WIEN

© Verlag Herder GmbH, Freiburg im Breisgau 2017
Alle Rechte vorbehalten
www.herder.de

Covergestaltung: Sabine Hanel, München
Illustrationen: Yulia Vershinskaya, Freiburg
Satz: post scriptum, Vogtsburg-Burkheim/Hüfingen
Herstellung: Polygraf Print, Prešov

Gedruckt auf umweltfreundlichem, chlorfrei gebleichtem Papier
Printed in Slovakia

ISBN 978-3-451-37711-2

Inhalt

Was wissen wir über Bischof Nikolaus von Myra?

Nikolaus hat ungefähr von 270 bis 342 oder 347 nach Christus gelebt. Manche Forscher geben als Lebenszeit auch ca. 280 bis 351 nach Christus an. Geboren wurde er in Patara, gestorben ist er wohl in Myra, einer Stadt in der Provinz Lykien. Myra lag in der heutigen Türkei und heißt heute Demre. Der Ort ist nicht weit entfernt von der

Touristenstadt Antalya. Als Sterbetag des heiligen Nikolaus gilt seit Langem der 6. Dezember.

Historisch ist wenig über das Leben von Nikolaus bekannt, aber viele Legenden ranken sich um ihn: Demnach wurde er als Sohn reicher christlicher Eltern in Patara geboren. Als seine Eltern starben, verwendete er das Erbe zur Linderung der Not der Armen und behielt nichts für sich selbst. Als Nikolaus 19 Jahre alt wurde, weihte ihn sein Onkel zum Priester. Anfang des 4. Jahrhunderts kam

er in die Stadt Myra. Dort wurde er zum Bischof geweiht. Er zerstörte heidnische Altäre und wurde wegen seiner Rechtgläubigkeit weit über die Grenzen Myras bekannt.

Der Name Nikolaus bedeutet übrigens „Sieg des Volkes“. Er stammt aus dem Griechischen und setzt sich aus den beiden Bestandteilen „nikao“ (siegen) und „laos“ (Volk) zusammen. Im Deutschen gibt es zahlreiche Varianten des Namens, zum Beispiel Nikolo, Niklas, Klaus, Nicole oder Nikolas.

Was sagen die Quellen?

Es gibt eine Reihe unterschiedlicher Berichte, in denen wir etwas über Nikolaus erfahren:

✦ *Vita per Michaelem:* Die Legende über das Leben des heiligen Nikolaus von Myra stammt wohl aus der Zeit zwischen 750 und 850 nach Christus. Sie wurde von einem orthodoxen Klostervorsteher namens Michael aufgeschrieben. Vermutlich haben wir es hier mit der ersten vollständigen Lebensgeschichte von Nikolaus zu tun. Dabei gibt der Verfasser vor, auf andere Quellen zurückgegriffen und altes Material gesammelt zu haben.

Nikolaus wird in der Vita per Michaelem bereits heiligmäßig geschildert: Schon im ersten Jahr der Ehe wurde er von einem Ehepaar in Patara geboren. Nach dem Tod seiner Eltern erbte er ein großes Vermögen, das er jedoch drei armen Mädchen schenkt. Gott selbst erwählt Nikolaus zum Bischof von Myra. Besonders die Rechtgläubigkeit des Bischofs und sein Eintreten für die wahre christliche Lehre werden betont. Auch die zwei großen Wunder des Bischofs werden erzählt: das Feldherrenwunder und die Rettung in Not geratener Seeleute.

Die Tafeln I und II des „Mühlhäuser Altars“ in der Kirche St. Marien in Mühlhausen in Thüringen sind von links nach rechts zu betrachten, als wäre es eine Tafel. Sie zeigen die gesamte Lebensgeschichte des Bischofs Nikolaus: In der ersten Reihe: Geburt, Taufe, Erziehung, Wirken als Jugendlicher; in der zweiten

Reihe: Frömmigkeit, Bischofsweihe, die Legende von den drei Mädchen, das Kornwunder; in der dritten Reihe: sein Tod, die Legende von der Stillung des Seesturmes, die Stratelaten-Legende und die Legende von den drei Schülern.

Da wir es mit einer typischen Heiligen-Vita zu tun haben, ist fraglich, inwieweit historisch Verwertbares in der Vita per Michaelem auffindbar ist. Vielmehr sollte eher die Heiligmäßigkeit von Nikolaus herausgestellt werden, als seine Lebensgeschichte zu erzählen.

✦ *Methodius ad Theodorum:* Hierbei handelt es sich um eine weitere Quelle zum Leben des heiligen Nikolaus. Es ist ein Brief von Methodios an Theodoros. Der Brief lässt sich vielleicht auf die erste Hälfte des 9. Jahrhunderts datieren. Allerdings bietet sie kein eigenes, neues Material, sondern übernimmt große Teile des Inhalts aus der Vita per Michaelem.

Methodios berichtet, Nikolaus wurde in Patara geboren. Dann schildert er die frommen Jugendjahre des Nikolaus und die Geschichte von den drei Töchtern. Ebenfalls erzählt er seine Bischofswahl und die daran anschließende Bischofsweihe. Auch das Feldherrenwunder wird dargestellt.

Schon die äußerst bildreiche Sprache und die rhetorischen Kniffe des Autors weisen darauf hin, dass es sich auch hier nicht um die reine Lebensgeschichte des Nikolaus handelt. Vielmehr liegt dem Briefeschreiber viel daran, die Verehrungswürdigkeit des Nikolaus hervorzuheben.

✦ *Encomium Methodii:* Eine weitere Handschrift über das Leben des Nikolaus steht ebenfalls unter dem Namen Methodios. Sie wurde vermutlich um die Mitte des 9. Jahrhunderts nach Christus verfasst. Der Autor, der weitgehend unbekannt bleibt, berichtet, dass in seiner Familie die Verehrung des Nikolaus schon Tradition hatte.

Zunächst folgt eine kurze Darstellung des Lebens von Nikolaus. Als Heimat wird jedoch Myra und nicht Patara genannt; Nikolaus wird den Eltern erst nach einer langen Zeit der Kinderlosigkeit geschenkt. Schon die Umstände der Geburt lassen also die Besonderheit des Kindes erkennen. Neben der Geschichte von den Kornschiffen wird auch die Feldherrengeschichte erzählt. Abschließend folgen noch drei Berichte über Wunder, die sich nach dem Tod des Nikolaus ereignet haben.

✦ *Synaxarienvita:* Das Synaxarion ist ein liturgisches Buch, das in der Ostkirche verwendet wird. Es enthält neben einem liturgischen Kalendarium auch Kurzviten zu den Heiligen, deren Gedenktage man feiert.

Der Text datiert Nikolaus zunächst auf die Zeit von Diokletian und Maximian, also ungefähr in die Jahre zwischen 286 und 305 nach Christus. Er wurde Bischof und habe später am Konzil von Nikaia (325 nach Christus) teilgenommen. Nach einer knappen Zusammenfassung

Darstellung des Konzils von Nikaia in der Nikolauskirche in Demre

der Feldherrengeschichte wird berichtet, dass Nikolaus in hohem Alter starb. Auch seine Reliquien hätten noch eine heilkräftige Wirkung gezeigt.

Dass Nikolaus wirklich am Konzil von Nikaia teilgenommen hat, lässt sich nicht belegen. Vielmehr scheint dadurch noch einmal seine Rechtgläubigkeit betont. Auf diese weist schon die Vita per Michaelem hin. Und im Encomium Methodii heißt es, nur wegen Nikolaus hätte es in Myra keine Häresien gegeben. Auf einigen Abschriften der Teilnehmerliste des Konzils kann man zwar den Namen Nikolaus von Myra lesen. Doch da er auf anderen Abschriften fehlt, kann man davon ausgehen, dass es sich um nachträgliche Ergänzungen handelte.

✦ *Vita compilata:* Die ausführlichste Beschreibung des Lebens des Nikolaus bedient sich der vorhandenen Vorlagen. Sowohl die Vita per Michaelem als auch das Encomium Methodii werden eingearbeitet. Auch andere Quellen werden vom Autor verwendet. Die genaue Datierung bleibt offen, vermutlich liegt die Entstehungszeit zwischen der Mitte des 9. und der Mitte des 10. Jahrhunderts.

Neben der bisher schon bekannten Biografie des Nikolaus bietet sich auch eine Neuerung. Der Autor der Vita compilata streut nämlich Erzählungen ein, die ursprünglich von Nikolaus von Sion, einem Abt, berichten. So wird die Jugendgeschichte des Nikolaus von Myra mit den biografischen Angaben des Nikolaus von Sion vermischt und breit erzählt: Die bisher namenlosen Eltern heißen beispielsweise nun Epiphanios und Nonna; es folgen Berichte über Wunder, die Nikolaus als Kind gewirkt habe, und eine Notiz über seine Weihe zum Priester, die er von seinem Onkel erhielt.

Durch die Anreicherung der bisher blass wirkenden Vita des Nikolaus von Myra mit den Erzählungen aus der Lebensgeschichte des Nikolaus von Sion ist ein beeindruckendes Zeugnis entstanden. Die Heiligenlegende des Bischofs von Myra, wie wir sie heute vielfach kennen, ist geboren.

Die Bischofsweihe des Nikolaus

✦ *Vita per Metaphrasten:* Bei der Vita des Metaphrasten handelt es sich um eine Neubearbeitung der Vita per Michaelem. Dabei greift der Autor auch auf die Vita compilata zurück und arbeitet ebenfalls die biografischen Angaben über Nikolaus von Sion in die Vita des Nikolaus von Myra ein. Die Erzählung des Metaphrasten ist wahrscheinlich in der zweiten Hälfte des 10. Jahrhunderts entstanden.

Neben der Jugendgeschichte, der Weihe zum Priester und Bischof erzählt die Vita per Metaphrasten auch die von Nikolaus gewirkten Wunder: die Geschichte von den drei Töchtern, die Beschwichtigung des Seesturms, etliche Heilungen und einen Besuch des Heiligen Landes.

Zwar kehrt die Vita per Metaphrasten zur Namenlosigkeit der Hauptprotagonisten zurück, doch bietet sie keinen neuen Erzählstoff. Somit ist eine durchweg stimmige Lebensgeschichte des Nikolaus von Myra entstanden. Diese wurde später auch ins Lateinische übersetzt und ist in zahlreichen Handschriften überliefert. Die Vita per Metaphrasten ist die bekannteste Erzählung der Lebensgeschichte des heiligen Bischofs Nikolaus von Myra.

✦ *Aus den angeführten Quellen lässt sich festhalten:* In Myra hat es im 4. Jahrhundert einen Bischof mit Namen Nikolaus gegeben.

Daneben gab es einen zweiten Nikolaus und es kam zu einer Vermischung zweier Lebensgeschichten: Neben Bischof Nikolaus von Myra wurde auch Abt Nikolaus von Sion, der ein Kloster in der Nähe von Myra leitete, als heilig verehrt. Von ihm weiß man, dass er am 10. Dezember 564 starb. Die Legendenbildung hat schließlich aus diesen beiden Männern die uns bekannte Gestalt des heiligen Nikolaus entstehen lassen.

Wie kam es zu seiner Verehrung?

Bereits im 4./5. Jahrhundert waren in der Ostkirche Wunderberichte verbreitet. Erst ab dem 7./8. Jahrhundert wurde der Bischof von Myra auch in der Westkirche kultisch verehrt.

Vermutlich gab es bereits kurz nach dem Tod des Bischofs einen Nikolauskult in Myra. Die charismatische Persönlichkeit des Bischofs scheint seine Verehrung befördert zu haben. Schon im 6. Jahrhundert stiftete Kaiser Justinian in Konstantinopel eine Kirche zu Ehren des heiligen Nikolaus. Bis zum 10. Jahrhundert stieg die Verehrung des Bischofs von Myra immer mehr an. Es entstanden zahlreiche Kirchen und Klöster, die dem Heiligen geweiht waren. Aus einem nur lokal verehrten Heiligen wurde einer der bedeutendsten Heiligen der ganzen Ostkirche. Seit frühester Zeit wurde sein Fest dabei am 6. Dezember begangen.

Die Verehrung im Westen setzt zeitlich etwas später ein. Im 9. Jahrhundert wurde der Nikolaustag auch in Neapel feierlich begangen; am Ende dieses Jahrhunderts entstand auch die erste lateinische Biografie des heiligen Nikolaus. In Italien gab es wohl schon im 10. Jahrhundert einige Nikolauskirchen, von dort aus wurde Nikolaus sehr schnell in ganz Europa bekannt. Bereits um die Jahrtau-

Kranke und Pilger kommen zum Grab des heiligen Nikolaus

sendwende gelangten die ersten Reliquien des heiligen Bischofs nach Deutschland und wurden im Wormser Dom verehrt. Die erste Nikolauskirche in Deutschland befand sich übrigens in Billerbeck und wurde noch vor 800 vom heiligen Liudger geweiht.

Großen Einfluss auf die Nikolausverehrung im Westen hatte wohl die byzantinische Prinzessin Theophanu

Die Überführung der Gebeine des heiligen Nikolaus nach Bari

(ca. 960–991 nach Christus), die Ehefrau von Kaiser Otto II. Sie stammte ursprünglich aus dem Oströmischen Reich. Dort erfuhr sie schon sehr bald vom Leben des heiligen Nikolaus und kannte die Legenden, die über ihn erzählt wurden. Als sie in den Westen kam und mit Otto II. vermählt wurde, hielt sie an der Verehrung des heiligen Nikolaus fest. Sie erzählte auch die Geschichten von ihm weiter. Bald wurde Nikolaus zum Familienheiligen der ottonischen Dynastie und auch im Westen zu einem äußerst beliebten Heiligen.

Einen besonderen Aufschwung erhielt die Nikolausverehrung im Westen mit der Übertragung der Gebeine des Heiligen in die italienische Hafenstadt Bari. Vor den Toren der Stadt Myra standen die Soldaten der Seldschuken, einer muslimischen Fürstendynastie. Damit die Reliquien des heiligen Nikolaus nicht in die Hände der Muslime fielen, entschlossen sich einige italienische Kaufleute dazu, die Gebeine des Heiligen zu rauben. Sie schafften sie aus der Stadt Myra und verluden sie auf ihr Schiff. Im Mai 1087 erreichten sie die italienische Stadt Bari und brachten die Reliquien des heiligen Nikolaus in eine Kirche. Von nun an nahm die Verehrung des heiligen Nikolaus auch in der Westkirche immer mehr zu. In Bari wurde schon bald die Basilika San Nicola errichtet, in deren Krypta die Gebeine des Heiligen bis heute ruhen.

Auch an der neuen Ruhestätte des heiligen Nikolaus ereignete sich bald ein Wunder. Aus seinem Grab floss ein wohlriechendes Öl, mit dem kranke Menschen geheilt wurden. Diese Flüssigkeit wird bis heute aufgefangen und als „Oleum Sancti Nicolai" („Öl des heiligen Nikolaus") bezeichnet.

Die orthodoxe Kirche feiert sein Fest am 19. Dezember (das ist im julianischen Kalender der 6. Dezember), er wird dort als „Überheiliger" (also als Heiliger, der über anderen Heiligen steht) verehrt. In fast jeder orthodoxen Kirche findet sich eine Ikone, die das Bild des heiligen Bischofs zeigt.

Russische Nikolaus-Ikone

Im französischen Saint-Nicolas-de-Port findet alljährlich am Nikolaustag ein großes Fest statt. Dabei wird Nikolaus durch einen Festumzug und eine Lichterprozession als Schutzheiliger der Stadt und ganz Lothringens geehrt. Dabei vermischen sich christliche und außerchristliche Bräuche.

In Bari selbst wird jedes Jahr im Mai die Translation der Gebeine des heiligen Nikolaus nachgespielt. Es gibt auch eine Seeprozession: Dabei wird eine Statue des heiligen Nikolaus auf ein Schiff gebracht, das ein Stück aufs Meer hinausfährt und dort ankert. Zahlreiche Familien kommen mit ihren Booten zur Statue und bitten um den Segen des Heiligen. Mit einem großen Feuerwerk enden die Feierlichkeiten zu Ehren des heiligen Bischofs.

Warum hat er heute noch Bedeutung?

Der heilige Nikolaus erfährt eine enorme Beliebtheit. Er wird z. B. als Schutzpatron verschiedener Länder wie Russland, Kroatien oder Serbien oder von Städten wie Bari oder der Region Lothringen verehrt. Die vielen Legenden, die über Nikolaus erzählt wurden, führten auch dazu, dass verschiedene Berufsgruppen wie Seefahrer,

Kaufleute, Getreidehändler und Juristen sich den Heiligen zum Patron erklärten. Nikolaus ist auch der Schutzheilige der Kinder und Schüler.

Nikolaus von Myra wird in der Westkirche meistens als Bischof dargestellt. Auf seinem Kopf trägt er die Mitra, in seiner Hand hält er den Bischofsstab. Außerdem sind seine Erkennungszeichen meistens ein Buch und drei Goldkugeln oder drei Brote oder drei Äpfel.

Warum bringt der Nikolaus Geschenke?

Ein beliebter Kinderbrauch ist, dass die Kinder in der Nacht vom 5. auf den 6. Dezember ihre Schuhe vor die Türe stellen, die dann der „Nikolaus“ in der Nacht mit Gaben füllt. Dieser Brauch geht wahrscheinlich auf die Legende von den drei Jungfrauen zurück. Die Geschichte des mildtätigen St. Nikolaus wurde ungefähr im 10. Jahrhundert in Deutschland verbreitet.

Seine Freigiebigkeit und Kinderfreundlichkeit sind besondere Merkmale. Bis zum Beginn des 20. Jahrhunderts beschenkte man sich am Nikolaustag. In den Niederlanden ist das bis heute noch der Fall.

Im Spätmittelalter entwickelte sich die Vorstellung des Christkindes als Gabenbringer. Das Christkind und der heilige Nikolaus bildeten lange Zeit ein

zusammengehöriges Paar, das nicht miteinander konkurrierte. Erst die Reformatoren nach Martin Luther drängten Nikolaus langsam zurück. Im 16. Jahrhundert ersetzte das Christkind schließlich den heiligen Bischof nach und nach als Gabenbringer. Der Geschenktermin verschob sich vom 6. Dezember auf den 25. Dezember.

Nikolaus trat nicht immer nur als Schenkender, sondern auch als Strafender auf. Dies oft in Begleitung von Knecht Ruprecht. Seine Rute hat heute nur mehr Symbolcharakter, während er vor 200 oder 300 Jahren die Rute durchaus einsetzte. Dennoch gibt es bis heute den Brauch, dass der Nikolaus die Kinder nicht nur lobt, sondern auch tadelt und ihnen ihre Vergehen vorhält. Früher war es oftmals so, dass die braven Kinder Geschenke erhielten, während die unartigen Kinder nur eine Kohle bekamen.

Wer sind die „europäischen Kollegen" des Nikolaus?

Während bei uns in Deutschland normalerweise der Nikolaus kommt und Geschenke bringt, gibt es in anderen Ländern ähnliche Gestalten. Manchmal haben diese ihren Ursprung im Leben des heiligen Bischofs. Manchmal gehen diese Figuren aber auch auf Bräuche zurück, die es schon gab, bevor Nikolaus lebte.

✦ *Weihnachtsmann:* Zu Beginn des 19. Jahrhunderts führten die aufgeklärten Pädagogen eine Figur ein, die einen Kompromiss zwischen Nikolaus und dem „Heiligen Christ" bildete. Diese hat wohl ihren Ursprung in Heinrich Hoffmanns „Struwwelpeter" aus dem Jahr 1845. Hoffmanns Nikolaus war nicht mehr lieb und beschenkte die Kinder, sondern der „Niklas" steckte die Kinder in ein Tintenfass. Schnell wurde der Weihnachtsmann (oder „Herr Winter") zur reinen Geschenkfigur und am Nordpol beheimatet. Seit Clement Clarke Moores Gedicht „The Night before Christmas" (1822/1823) sind Rentiere die offiziellen Begleiter des Weihnachtsmannes. Der Pfälzer Thomas Nast, der in Kindertagen in die USA ausgewandert war, hat schließlich, in Anlehnung an die Figur des „Herrn Winter", die typische Darstellung des

Weihnachtsmannes geschaffen. 1931 erschien erstmals der neue „Santa Claus“ in einer Werbekampagne des Konzerns Coca-Cola – nun in vollendeter Weihnachtsmanngestalt mit langem, weißem Bart, rotem Pelzmantel, auf einem Rentierschlitten sitzend. Über Amerika kam der neue Weihnachtsmann nach Europa zurück. Vielfach beherrscht er auch heute die Weihnachtsmärkte und Weihnachtsfeiern. Dabei ist der Ursprung des „Santa Claus“ im christlichen Bischof von Myra immer mehr in Vergessenheit geraten.

✦ *Väterchen Frost:* Er ist ursprünglich eine russische Märchenfigur, von der die Kinder in der Neujahrsnacht beschenkt werden. Zunächst als Personifikation des Winters als profane Alternative zu den Heiligengestalten nach der Oktoberrevolution eingeführt, hat sich die Figur bis heute erhalten.

✦ *Sinterklaas:* Der Sinterklaas bescherte die Kinder in den Niederlanden vermutlich schon, bevor sich das Nikolausfest im Westen durchsetzte. Dabei ist der Sinterklaas ähnlich dem heiligen Nikolaus mit Mitra und Stab als katholischer Bischof gekleidet. Er reitet auf einem Schimmel von Dach zu Dach und beschenkt die Kinder, indem er durch den Schornstein in das Innere der Häuser gelangt. Sein Begleiter ist der „Zwarte Piet" („Schwarzer Peter"), der eine ähnliche Funktion wie Knecht Ruprecht übernimmt. Während der Sinterklaas die Kinder beschenkt, bestraft der dunkelhäutige Diener mit seiner Rute.

✦ *Befana:* In Italien fliegt in der Nacht vom 5. auf den 6. Januar die Hexe Befana von Haus zu Haus. Sie bringt Geschenke oder bestraft. Ihr Name ist von „Epiphanie" („Erscheinung"), dem offiziellen Namen des Dreikönigstags (6. Januar), dem Fest der Erscheinung des Herrn, abgeleitet. Der Legende nach hat sie von den Hirten die Botschaft von der Geburt des Kindes gehört, ist aber zu spät losgeflogen und hat den Stern verpasst. In der Hoffnung, dass eines der Kinder das Jesuskind sei, machte sie sich auf die Suche und brachte den Kindern Geschenke. Die vermutlich vorchristliche Figur besitzt heute überwiegend positive Aspekte und ist als gute Hexe ein gern gesehener Gast.

✦ *Père Noël:* Der legendarische Geschenkebringer trägt in Frankreich den Namen Père Noël. Wie der Weihnachtsmann wohnt und arbeitet er am Nordpol und bringt in einen roten Mantel gehüllt mit einem Rentierschlitten Geschenke. Am Heiligen Abend stellen die Kinder ihre Stiefel vor die Tür, die in der Heiligen Nacht vom Père Noël gefüllt werden.

✦ *Joulupukki:* Das finnische Joulupukki bedeutet auf Deutsch so viel wie „Weihnachtsziege". Hierbei handelt es sich ursprünglich um einen heidnischen Brauch, der seine Wurzeln in der nordischen Mythologie hat. Joulupukki trägt einen roten Mantel, wohnt in Lappland und fährt mit einem Rentierschlitten.

✦ *Santa Basil:* In Griechenland werden die Kinder nicht vom heiligen Nikolaus beschenkt, da er dort nur als Patron der Seefahrer verehrt wird. Der Geschenkebringer, der in der Silvesternacht die Kinder beschert, ist dort der heilige Basilius der Große. Als Bischof und Kirchenlehrer trat er für die Armen ein, gründete Altersheime und Waisenhäuser und setzte sich für die am Rand der Gesellschaft lebenden Menschen ein.

Welche Bräuche wurden gepflegt?

Im Mittelalter wurde besonders in Klosterschulen der Brauch gepflegt, am Tag des heiligen Nikolaus oder am Fest der Unschuldigen Kinder (28. Dezember) einen „Kinderbischof" zu wählen. Dabei wurde einer der Schüler auserkoren, in bischöfliche Gewänder gekleidet, einen Tag lang seine Amtsgeschäfte auszuüben. Vielleicht stützte sich diese Gepflogenheit auf einen Vers aus dem Magnifikat. Dort heißt es: „Er stürzt die Mächtigen vom Thron und erhöht die Niedrigen" (Lukas 1,52). Die Kinder wollten den kirchlichen Machthabern demonstrieren, dass auch ihre Zeit nur begrenzt ist. Außerdem sollten sie an eine demütige Ausübung ihres Amtes erinnert werden. Aus diesen Schülerspielen entwickelte sich später vermutlich der Brauch, am Tag des heiligen Nikolaus als verkleideter Bischof umherzuziehen. Ein Würzburger Chronist schildert das zumindest schon für das 17. Jahrhundert.

Vermutlich bereits im 17. Jahrhundert bekam Nikolaus auch einen finsteren Gesellen. Dieser war im Gegensatz zum heiligen Bischof in dunkle Gewänder gehüllt und flößte den Menschen Angst und Schrecken ein. In weiten Teilen trägt dieser Begleiter den Namen Krampus oder Knecht Ruprecht. Wahrscheinlich handelt es sich hierbei um vorchristliche Gestalten, die im Bund mit dem

Kinderbischof mit Gehilfen

Teufel standen. Sie wurden später in die Kindererziehung einbezogen, indem sie die unartigen Kinder bestraften, während Nikolaus die braven Kinder beschenkte. Somit zeigt sich auch der Gegensatz zwischen beiden Gestalten: Während Nikolaus für das Gute steht, symbolisiert Knecht Ruprecht das Böse und Schreckliche. Der heilige Bischof ist im Dienste Gottes unterwegs und bringt seine Liebe zu den Menschen. Sein Begleiter aber stiftet Verwirrung, straft die Menschen und ängstigt sie.

Seit dem 15. Jahrhundert gab es den Brauch des „Schiffchensetzens" am Nikolaustag. Dabei wurden in Anlehnung an die Legende von der Stillung des Seesturms durch den heiligen Nikolaus kleine Papierschiffchen gebastelt, in die der Heilige die Geschenke legte. Später wurden die Schiffchen von Stiefeln, Strümpfen oder Gabentellern abgelöst.

Der sogenannte „Weckmann" oder „Stutenkerl" wurde früher zum Fest des heiligen Nikolaus gebacken. Dabei handelt es sich um ein Gebildebrot, das bedeutet ein Brot oder ein Gebäck, das eine besondere Figur darstellt. Der Weckmann, der oft aus Hefeteig hergestellt ist, zeigt eigentlich einen Bischof. Die Tonpfeife, die den Weckmann heutzutage oft ziert, ist ein Irrtum und erst relativ spät entstanden. Dreht man die Pfeife, kann man noch erahnen, dass es sich ursprünglich um einen Bischofsstab handelte. Mancherorts werden die Weckmänner heute zum Fest des heiligen Martin gebacken und verteilt.

Der heilige Nikolaus war im Mittelalter ein sehr beliebter Heiliger. Deswegen gibt es viele Kirchen, die nach ihm benannt und ihm geweiht sind. Sehr bekannt ist beispielsweise in Deutschland die Nikolaikirche in Leipzig.

Oft erhielten die Kinder vom heiligen Nikolaus als Geschenk einige Äpfel. Die Äpfel können für die Goldklumpen aus der Jungfrauenlegende stehen. Sie weisen aber auch auf Fruchtbarkeit und Leben hin.

Warum ist Nikolaus ein Heiliger des Advents?

Der heilige Nikolaus kann für uns ein Vorbild sein, wie wir anderen Menschen helfen können. Er selbst hat nicht zuerst auf sich geschaut, sondern hat vor allem die Nöte der Menschen gesehen. Und er ist ihnen zu Hilfe gekommen. Er wollte, dass ihr Leben wieder schön wird. So zeigt uns der heilige Nikolaus, dass es nicht reicht, nur sich selbst im Blick zu haben. Vielmehr muss man auch den anderen sehen und wahrnehmen, was ihn bedrückt. Jesus hat das vorgemacht. Für ihn standen immer die anderen Menschen an erster Stelle. Er selbst hat sich zurückgenommen und sich nicht so wichtig gemacht.

Gerade jetzt im Advent, wenn wir uns auf Weihnachten vorbereiten, können wir überlegen, wie wir anderen Menschen helfen. Sicher fängt das im Kleinen an: wenn man dem anderen ein liebes Wort sagt oder ihm eine kleine Freude bereitet. Im Advent gibt es jedes Jahr auch die Aktion „Adveniat“. Man kann hierfür Geld geben, das dann den Menschen in Lateinamerika zugutekommt. Auch das ist eine Form, anderen Menschen zu helfen. Der heilige Nikolaus lädt uns ein, darüber nachzudenken, wie wir unseren Mitmenschen helfen. Und er zeigt uns durch sein Leben, dass es gar nicht so schlecht ist, wenn man nicht nur immer auf sich selbst schaut, sondern auch die anderen Menschen im Blick

hat, denen es nicht gut geht, die alleine sind, die eine helfende Hand nötig haben.

Wenn der heilige Nikolaus zu den Kindern kommt und ihnen Geschenke bringt, dann zeigt er damit, dass er gut und gütig ist. Ein Nikolaus schimpft nicht oder schlägt mit seiner Rute. Nikolaus ist zu den Menschen gut, weil Gott selbst gut ist. Gott will nicht, dass es den Menschen schlecht geht, er will sie nicht bestrafen. Er möchte, dass alle das Leben haben und dass unser Leben heil ist. Davon gibt der heilige Nikolaus ein Zeugnis. Wenn er die Kinder beschenkt, dann erinnert er uns daran, dass auch wir von Gott Beschenkte sind. Gott gibt nicht mit Hintergedanken, er berechnet nicht. Was er schenkt, ist Gnade, ist Liebe und Barmherzigkeit. Deswegen ist Nikolaus auch ein adventlicher Heiliger. Weil er uns darauf hinweist, dass Gott sich an Weihnachten uns schenkt, dass er für uns Mensch wird. Dafür müssen wir keine besondere Leistung erbringen. Gott kommt in Jesus aus reiner Liebe zu uns in die Welt.

Aufgrund einer zunehmenden Kommerzialisierung werden der heilige Nikolaus und seine Botschaft häufig nicht mehr ernst genommen. An seine Stelle ist hierzulande meist der Weihnachtsmann getreten, der zwar fälschlich noch als Nikolaus bezeichnet wird, mit dem ursprünglichen heiligen Bischof aber nichts mehr zu tun hat. Dadurch ist auch die adventliche Bedeutung von Nikolaus verloren gegangen. Da er aber mit seinem Leben ganz und gar eine adventliche Gestalt ist, gehört er untrennbar zu dieser Zeit. Denn er zeigt uns, dass soziales Handeln und christliche Nächstenliebe auch für unsere Gesellschaft wichtig sind. Dass es Weihnachten erst dort werden kann, wo wir einander annehmen und miteinander den Weg durch diese Zeit gehen. Diese tiefere Botschaft, die dem Leben neue Perspektiven eröffnet und auf eine größere Hoffnung hinweist, hält nur der heilige Nikolaus bereit. Der Weihnachtsmann und seine Gefährten kennen nur diese Welt und das Leben in ihr. Der heilige Nikolaus verweist auf eine andere Welt und gibt mit seinem Handeln Zeugnis für das Leben in dieser kommenden Welt.

Was sollte ein Nikolausdarsteller beachten?

Zu den Voraussetzungen für den Dienst als Nikolaus gehören zuallererst Freude und Spaß, Familien zu besuchen und ihnen vom Leben des Heiligen zu erzählen. Wenn man selbst begeistert ist von dem, was Nikolaus uns vorgelebt hat, kann man auch andere mit dieser Freude anstecken und sie ermutigen, selber für andere Menschen da zu sein.

Prinzipiell kann jeder als Nikolaus verkleidet Familien mit Kindern oder Kindergärten und Schulen besuchen. Damit jedoch auch etwas von der Botschaft des heiligen Nikolaus ankommt, sollte derjenige Folgendes bedenken:

Eine Nikolausfeier ist keine Faschingsveranstaltung. Es geht nicht darum, sich zu verkleiden oder zu kostümieren. Ein Nikolausdarsteller sollte Kindern und Familien etwas von der Botschaft weitergeben, die dieser Heilige gerade für unsere Zeit bereithält: die Nöte der Menschen zu erkennen und ihnen darin beistehen zu wollen. Daher kann es durchaus hilfreich sein, sich bereits einige Tage vor dem großen Auftritt mit der Person des heiligen Nikolaus auseinanderzusetzen, sich auf die Rolle vorzubereiten und einzustimmen. Am einfachsten geschieht dies natürlich dadurch, im eigenen Leben etwas von dem zu verwirklichen, was der heilige Nikolaus als Beispiel gegeben hat.

Um glaubwürdig den Nikolaus zu verkörpern, benötigt der Darsteller Erfahrung im Umgang mit Kindern. Zumindest sollte er auf unvorhergesehene Situationen eingehen und auf unerwartete Kinderfragen antworten können. Das erfordert auch eine gewisse Sensibilität, gerade wenn die Kinder eher ängstlich und zurückhaltend sind und sich vor dem Nikolaus fürchten. Wenn kleinere

Kinder beim Besuch des Nikolaus zu weinen beginnen, kann die schöne Feier schnell kippen. Deshalb sollte sich der Nikolausdarsteller rechtzeitig überlegen, wie man in unterschiedlichen Situationen souverän reagieren kann.

Wie kleidet sich ein Nikolausdarsteller?

Die vielen heutigen Helfer des Nikolaus tragen oft einfach Mantel, Mütze und Stiefel eines Weihnachtsmannes. Als Bischof trug Nikolaus natürlich ein Bischofsgewand, dessen Kleidungsstücke und Zeichen der Amtswürde eine bestimmte Bedeutung haben. Wer als Nikolaus auftritt, sollte sich damit vertraut machen und kann sich daran orientieren:

Zuerst legt er das *Schultertuch* (Humerale) um. Es gehörte seit der Antike zur priesterlichen Kleidung. Es ist leicht waschbar und schützt die darüber getragenen Gewänder.

Darüber zieht er die *Albe*. Das war ursprünglich ein aus sonnengebleichtem, das heißt ein aus aufwendig hergestelltem Leinen bestehendes Festgewand in der Form der antiken Tunika. Sie ist das traditionelle Gewand der Getauften. Denn Albe bedeutet „weißes Gewand“ (alba vestis) und die weiße Farbe drückt aus, dass wir als Christen durch die Taufe rein gewaschen werden von aller Sünde. Auch ein Bischof ist vor allem ein Getaufter – er ist mit Christus verbunden und durch den Heiligen Geist gestärkt.

Dann legt er die *Stola* um, eine Schärpe in den liturgischen Farben. Bei allen Amtshandlungen tragen Geistliche die Stola. Ursprünglich war sie ein Amtsabzeichen, das die römischen Kaiser den Staatsbeamten verliehen haben. Nach einer frommen Deutung symbolisiert die Stola ein Joch. Das Joch als Tragholz, das man Lasttieren überwirft, erinnert an ein Bibelwort: „Nehmt mein Joch auf euch und lernt von mir; denn ich bin gütig und von Herzen demütig; und ihr werdet Ruhe finden für eure Seele“ (Matthäus 11,29).

Dann wird das *Zingulum* umgebunden, ein geflochtener Gürtel, mit dem die weit geschnittene Albe am Bund zusammengehalten und der Faltenwurf in Form gebracht wird. Auch hierzu gibt es eine Deutung: Der Träger des Zingulums kann sich beherrschen und stellt kirchliche Ziele über die eigenen.

Das *Brustkreuz* (Pectorale) erinnert an den Sieg Jesu Christi über den Tod und an die Erlösung der Menschen. Das Brustkreuz wird von Bischöfen erst seit dem 12. Jahrhundert getragen, geht aber ebenfalls auf einen älteren christlichen Brauch zurück. Christen trugen an einer Halskette in einem kleinen Schmuckgefäß die Reliquien von Märtyrern.

Das Obergewand ist ein *Chormantel*. Der lateinische Name Pluviale heißt wörtlich übertragen Regenmantel. Es ist der Mantel, den die Mönche seit dem frühen Mittelalter an Festtagen tragen. Da bei diesen Gelegenheiten – Andachten, Tagzeitenfeiern und Begräbnissen – auch Weihrauch benutzt wird, heißt der Mantel auch Rauchmantel. Der weite Umhang ist vorne offen und wird nur von einer Mantelschließe zusammengehalten.

Im Alten Orient und im Judentum gab es Fingerringe schon lange Zeit in unterschiedlichster Bedeutung: als Geschenk-, Schmuck-, Siegel-, Ehe- oder Herrschaftsring. Der *Bischofsring* gilt als Zeichen der Bindung an die Kirche und ist – ähnlich wie ein Ehering – ein Zeichen der Treue. Ursprünglich mag es sich dabei um einen Siegelring gehandelt haben.

Das *Buch*, das Bischof Nikolaus in der Hand hält, ist ein Evangeliar, die Frohe Botschaft Jesu Christi, die er im Auftrag der Kirche verkündigt.

Es weiß natürlich niemand, wie Bischof Nikolaus ausgesehen hat, aber dargestellt wurde er oft mit einem *Bart*.

Die *Mitra* ist eine doppelspitzige, hohe Mütze mit zwei auf die Schultern herabfallenden, breiten Zierbändern. Die Spitze der Kopfbedeckung zeigt zum Himmel – sie weist

auf Gott hin. Die Mitra ist in der Mitte des 10. Jahrhunderts in Rom aufgekommen. In der Mitte des 12. Jahrhunderts wird sie die allgemein übliche Kopfbedeckung von Bischöfen.

Der *Bischofsstab* ist wohl das markanteste Zeichen der bischöflichen Amtswürde. Der mannshohe Stab geht auf einen Hirtenstab zurück, mit dessen Krümme Hirten früher die Schafe am Hinterbein eingefangen haben. Der Stab bedeutet: Wie ein guter Hirte nach dem Vorbild Christi kümmert sich der Bischof um die ihm anvertrauen Menschen.

TIPP

Der Nikolausstab lässt sich leicht herstellen aus einem Gerätestiel oder einer Gardinenstange aus Holz. Den Aufsatz (die Krümme) kann man im Internet kaufen. Mit Leim und Dübel wird beides verbunden. Mit goldenem Lack besprüht, sieht es fast aus wie ein echter Bischofsstab. Auch eine Bischofsmütze und ein künstlicher Bart sind für wenig Geld im Internet zu finden. Mit weißem Untergewand, roter Schärpe, rotem Umhang und Buch ist die Ausstattung dann perfekt.

Noch mehr Tipps zur Kleidung: Das Gewand frühzeitig anprobieren, um gegebenenfalls Schäden auszubessern.

Vor dem Auftritt sollte sich der Nikolausdarsteller einen geeigneten Ort zum Umziehen suchen. Am besten vorher schon einen Raum festlegen, in dem sich der Nikolaus ungestört und von den Kindern unbemerkt ankleiden kann. Beim Hereinkommen an der Tür aufpassen, damit die Mitra nicht herunterfällt.

Eine andere Möglichkeit – sogar die bessere: Die Person, die den Nikolaus darstellt, legt die Kleidung vor den Kindern an. Die einzelnen Kleidungstücke können den Kindern dabei erklärt werden. Sie können so Schritt um Schritt nachvollziehen, dass es sich um ein Spiel handelt. Dennoch werden einige Kinder großen Respekt vor dem Nikolaus haben. Wenn Kinder Angst haben, kann der Nikolaus sich hinknien und auf Augenhöhe gehen oder zunächst mit den Erwachsenen sprechen.

Übrigens: Den Stab trägt ein echter Bischof immer in der linken Hand, weil er mit der rechten Hand die Menschen segnet.

Und eine Rute wird am besten gar nicht erst mitgebracht. Sie gehört nicht zu den Attributen eines Heiligen und passt auch nicht für den Umgang mit Kindern!

Zum Schluss noch einmal das Wichtigste: Die Kleidung allein macht noch keinen guten Nikolausdarsteller aus, sondern der- oder diejenige muss sich bewusst sein, dass man als Nikolaus eine Vorbildfunktion hat.

Wie können Nikolausfeiern und Gottesdienste vorbereitet werden?

Für den Besuch in der Familie

✦ *Zur Vorbereitung:* Der Nikolaus sollte nicht unter Zeitdruck stehen, sondern sich Zeit nehmen für die einzelnen Besuche und Feiern.

Mit den Eltern wird der Ablauf der Feier vorher telefonisch besprochen und sie werden gebeten, einen schönen Rahmen zu schaffen. Eventuell können die Eltern bereits Texte und Gebete erhalten, die dann gemeinsam gelesen werden.

Die Eltern am besten nachdrücklich darauf hinweisen, dass der Nikolausbesuch keine erweiterte Erziehungsmaßnahme ist. Vorbereitete „Sündenregister" sind prinzipiell abzulehnen. Auch im Gespräch mit den Kindern ist dann alles Gute hervorzuheben und zu loben.

✦ *In der Familie:* Zum Besuch des Nikolaus zu Hause sollte nach Möglichkeit die ganze Familie zusammenkommen. Es sollte darauf geachtet werden, dass die Mitfeiernden rechtzeitig da sind und die Feier gemeinsam beginnen kann.

Der Adventskranz steht gut sichtbar im Raum. Gemeinsam zündet man die Kerze(n) an. Dazu kann erklärt werden, warum der heilige Nikolaus ein adventlicher Heiliger ist.

Gerade zu Hause sollten Störquellen vermieden werden: Fernseher und Radio sind ausgeschaltet, auch auf unnötige Nebengespräche sollte man bei der Nikolausfeier verzichten.

Ein Erwachsener kann den Nikolaus an der Haustür empfangen und in den Raum der Feier begleiten. Die kleine Feier findet nicht im Flur der Wohnung statt, sondern der Nikolaus wird in das Wohnzimmer gebeten. Für den Nikolaus wird ein schöner Stuhl bereitgestellt. Dazu kann erklärt werden: Der Nikolaus wird sich sicher setzen wollen nach einer so anstrengenden Reise.

Die Kinder können zur Begrüßung des Nikolaus ein Lied singen.

Um Kindern die Angst zu nehmen, werden sie einbezogen: Sie dürfen den Stab halten, beim Öffnen des Sacks mit den Geschenken helfen oder größere Kinder können Namensschilder an den Geschenken vorlesen. Der Nikolaus kann mit den Kindern ins Gespräch kommen: über das Bischofsgewand, über die Geschichten, die sie schon kennen. Dann kann er die Kinder fragen: Warum ist der heilige Nikolaus für uns heute ein Vorbild? Wie können wir in unserem Leben das tun, was Nikolaus uns vorgelebt hat? Es geht darum, die Frohe Botschaft weiterzusagen.

Kleinigkeiten werden verschenkt, damit die Botschaft des Nikolaus nicht von den Geschenken verdrängt wird. Mittlerweile kann man in vielen gut sortierten Geschäften oder über das Internet (echte) Schokoladen-Nikoläuse beziehen. Das ist sicher eine dankbare Geschenkalternative zu den üblichen Weihnachtsmännern aus Schokolade. Nicht nur die Kinder, auch die Erwachsenen können vom Nikolaus beschenkt werden. Der Nikolaus war zu allen Menschen gut und hat allen seine Liebe gezeigt. Das stellt noch einmal heraus, dass der Nikolaus kein „Erziehungsinstrument“ für die Kinder ist. Der Nikolaus besucht die Familien, nicht nur die Kinder!

Bevor der Nikolaus wieder geht, kann man gemeinsam das Vaterunser beten und der Nikolaus bittet um den Segen. Für einen „Bischof“ ist das die angemessene Art der Verabschiedung.

Nach dem Besuch des Nikolaus kann die Familie zusammenbleiben und die Feier mit einem gemeinsamen Essen oder bei Tee, Punsch, Plätzchen und Bratäpfeln ausklingen lassen.

Für den Besuch in Kindergarten und Schule

Schon ab Mitte November kann man die Kinder auf den Besuch des Nikolaus und die Feier einstimmen. Man kann erzählen, dass der heilige Nikolaus bald Namenstag hat, dass er den Menschen geholfen und sie beschenkt hat. Nikolauslegenden werden vorgelesen, Bräuche erklärt und die Lieder für die Feier eingeübt. Das steigert die Vorfreude der Kinder auf den Besuch des Nikolaus. Der Kindergarten bzw. die Schule oder eine andere Einrichtung werden zur „weihnachtsmannfreien Zone“ erklärt und den Kindern die Unterschiede zwischen Weihnachtsmann und Nikolaus deutlich gemacht.

Gegebenenfalls kann man den Kindern hier auch die Angst vor dem Nikolaus nehmen und sie ermuntern, sich vor dem Besuch des Nikolaus nicht zu fürchten, sondern sich auf ihn zu freuen.

Für Nikolausfeiern ist ein geeigneter Raum auszuwählen. Eine große Feier mit allen Schülern einer Schule, allen Kindern eines Kindergartens stellt ein besonderes Highlight dar. Dazu wird in die Turnhalle oder die Aula der Schule oder einen großen Raum der Kita eingeladen. Dieser Raum wird geschmückt. Der Adventskranz steht bereit, entstandene Bastelarbeiten werden ausgestellt.

Zu Beginn der Feier muss der Nikolaus erst sehnsüchtig erwartet werden. Die Feier beginnt daher ohne ihn, das steigert die Spannung. Es wird ein Lied gesungen, damit der Nikolaus sie hoffentlich hört und den Weg besser findet. Die Lieder der Nikolausfeier können mit der Gitarre oder einem anderen Instrument begleitet werden. Wenn der Nikolaus dann immer noch nicht kommt, wird gemeinsam laut nach ihm gerufen.

Und wenn der Nikolaus dann endlich da ist, bekommt er auch hier einen besonderen Platz. Er begrüßt die Kinder. Er kann nachfragen, wer eine Geschichte über ihn erzählen kann.

Der Nikolaus erzählt vielleicht eine der Legenden oder es wird zusammen mit anderen Erwachsenen eine

Geschichte als Rollenspiel gezeigt. Es geht nicht darum, abzufragen, ob Kinder artig waren, sondern den Nikolaus als Vorbild darzustellen. Dazu kann angeregt werden, bei den Geschichten genau zuzuhören, was darin vom Nikolaus erzählt wird. So finden die Kinder selbst heraus, dass der heilige Nikolaus zu den Menschen gut war, den armen Menschen geholfen hat, ein Gespür für ihre Nöte und Ängste hatte.

Für die Geschenke gilt, was oben schon gesagt wurde: Weniger ist mehr. Wenn die Geschichte vom Kornwunder erzählt wird, sollte zum Beispiel darauf eingegangen werden, dass auch heute viele Menschen Hunger leiden müssen. Der Nikolaus kann Teller herumreichen mit Brot, das in Würfel geschnitten ist. Die Kinder werden eingeladen, dieses kleine Stück Brot einmal ganz bewusst zu essen und zu schmecken.

Der Nikolaus spricht ein Gebet, die Kinder können Fürbitten vortragen. Ein Segensgebet beschließt die Feier.

TIPP

Nichts erzählen oder versprechen, was nicht eingelöst werden kann: Zum Beispiel gar nicht erst von den Rentieren erzählen, da Kinder sie sonst vermutlich sehen und streicheln wollen. Grundsätzlich so erzählen, dass das Gesagte mit zunehmendem Alter der Kinder „ausbaufähig" ist. Es darf nie passieren, dass Kinder sich nicht ernst genommen oder gar beschwindelt fühlen. Sondern die Nikolausgeschichten so einführen, dass die Kinder immer mehr erfahren und immer tiefer verstehen können.

Wenn Kinder beim Aufsagen eines Gedichtes stecken bleiben, die Erwachsenen bitten, einzuspringen.

Wenn Kinder fragen, ob es sich um den „echten Nikolaus" handelt, immer ehrlich sagen, dass man den Nikolaus spielt! Und dann nachhaken, was die Kinder vom echten Nikolaus wissen und über ihn erzählen können.

Den Bart gut befestigen, damit er nicht verrutscht, wenn es doch passiert, einfach wieder zurechtrücken. Es bedeutet selten eine „Entzauberung". Es ist ebenso gut möglich, ganz auf den Bart zu verzichten!

Obwohl der Nikolaus einen Ring trägt, war er nicht verheiratet. Hier kann man auf Bischöfe (oder den Papst) hinweisen, die bis heute den Bischofsring tragen.

Die Wochen vor Weihnachten heißen Advent und nicht Vorweihnachtszeit.

Auch wenn die Feier gut geplant ist, sollte man trotzdem Alternativen bereithalten.

Übrigens: Kinder mit türkischem Hintergrund kennen die Tradition des Nikolaus meist gut!

Wie können die Legenden für Kinder erzählt werden?

I

Legenden vom heiligen Nikolaus, wie sie von Anselm Grün für Kinder erzählt werden, sind für kleine Kinder bis einschließlich zum Grundschulalter erzählt und lassen sich gut in kurze Abschnitte unterteilen, die in eine Nikolausfeier oder einen Gottesdienst eingebaut werden können:

✦ *Nikolaus wächst auf und wird Priester:* Vor vielen Hundert Jahren lebte in der Stadt Patara ein frommes und gottesfürchtiges Paar. Lange waren der Mann und die Frau ohne Kinder geblieben, darum beteten sie zu Gott und baten ihn um ein Kind. Schließlich schenkte Gott ihnen einen Sohn, den sie Nikolaus nannten. Das bedeutet „Sieg des Volkes". Schon als kleiner Junge half Nikolaus Menschen, die in Not geraten waren. Oft betete er und lauschte in der Kirche der Predigt des Priesters. Als Nikolaus groß war, ließ er sich selbst zum Priester weihen. Wie Jesus wollte er den Menschen helfen und ihnen von Gottes Liebe erzählen.

✦ *Nikolaus beschenkt die armen Mädchen:* Kurz nachdem Nikolaus zum Priester geweiht worden war, starben seine

Eltern. Nikolaus erbte ein großes Vermögen, denn seine Eltern waren sehr reich gewesen. Doch er behielt das Geld nicht für sich, sondern verteilte es unter den Armen.

Eines Tages hörte Nikolaus von einem Mann, der drei Töchter hatte. Der Mann war von edler Herkunft, aber sehr, sehr arm. In seiner Not wollte er seine Töchter als Sklavinnen verkaufen, um so den Rest der Familie ernähren zu können.

Das konnte Nikolaus nicht zulassen! Er nahm einen Klumpen Gold und schlich in der Nacht zum Haus des Mannes. Heimlich warf er das Gold durch ein Fenster ins Zimmer der Mädchen. Nun hatte der Vater genug Geld, um für seine erste Tochter einen Bräutigam zu suchen.

Einige Tage später schlich Nikolaus wieder zum Haus und warf einen zweiten Goldklumpen ins Zimmer. So konnte auch die zweite Tochter heiraten.

Der Vater aber war neugierig geworden und wollte wissen, wer seinen Töchtern Gold schenkte. Als Nikolaus einige Zeit später den dritten Goldklumpen durchs Fenster warf, wurde der Mann davon wach, lief ihm nach und erkannte, dass es Nikolaus war. Doch Nikolaus bat ihn, niemandem etwas davon zu verraten.

Der Mann und seine drei Töchter freuten sich und feierten ein rauschendes Hochzeitsfest.

Nikolaus wird geboren, er hört einer Predigt zu, er beschenkt die drei Mädchen

✦ *Nikolaus wird Bischof:* In der Stadt Myra war der Bischof gestorben. Da kamen die Bischöfe aus den umliegenden Städten herbei, um gemeinsam mit den Priestern

einen neuen Bischof zu wählen. Doch sie konnten sich nicht einigen. Da sprach Gott im Traum zu einem der Bischöfe. Er sagte: „Wache morgen früh vor dem Gottesdienst an der Tür der Kirche. Wer als Erster die Kirche betritt, den sollt ihr zum Bischof weihen.“ Der Bischof tat, wie Gott ihm befohlen hatte. Als er am nächsten Morgen an der Türe wachte, trat Nikolaus in die Kirche. Da nahmen sie ihn und setzten ihn auf den Bischofsstuhl. Nikolaus sträubte sich, doch gegen die vielen Bischöfe kam er nicht an. So fügte er sich ihrem Willen und wurde zum Bischof von Myra.

✦ *Nikolaus stillt den Seesturm:* Als Bischof war Nikolaus sehr beliebt beim Volk. Er half den Menschen, wo er nur konnte. Er war gütig und jeder konnte mit seinen Sorgen zu ihm kommen.

Einmal gerieten ein paar Seeleute in einen schlimmen Sturm. Die Wellen warfen ihr Schiff hin und her und sie drohten, mit ihm unterzugehen. In ihrer Not riefen sie zu Nikolaus: „Nikolaus, wenn es wahr ist, was wir Gutes von dir gehört haben, dann hilf auch uns!“

Da sahen die Seeleute, wie Nikolaus über das Wasser auf sie zugelaufen kam. Er sagte zu ihnen: „Ihr habt mich gerufen. Hier bin ich.“

Nikolaus stieg zu den Seeleuten aufs Schiff und half ihnen mit ihren Segeln und dem Ruder. Auf einmal legte sich der Sturm. Kein Lüftchen regte sich mehr. Nikolaus aber verschwand so schnell, wie er gekommen war.

Nikolaus rettet Schiffbrüchige

Die Seeleute brachten ihr Schiff sicher in den Hafen von Myra. Dort gingen sie sofort zur Bischofskirche von Nikolaus und dankten ihm für ihre Rettung. Nikolaus aber sprach zu ihnen: „Nicht mir müsst ihr danken, sondern Gott. Er hat euch gerettet." Seit diesem Tag ist Nikolaus der Schutzpatron der Seeleute.

✦ *Nikolaus hilft aus der Hungersnot:* Einmal herrschte eine schreckliche Hungersnot. Lange schon hatte es keinen Tropfen mehr geregnet. Die Sonne brannte vom Himmel und verdorrte die ganze Ernte. Die Menschen von Myra litten großen Hunger, denn nirgends im Land

Nikolaus versorgt die Stadt Myra mit Getreide

gab es mehr Korn. Da gingen sie zu Nikolaus und baten ihn um Hilfe. Nikolaus kniete nieder und betete zu Gott. Und Gott antwortete ihm: „Geh morgen früh zum Hafen.“

Als Nikolaus am nächsten Morgen zum Hafen kam, legte gerade ein Handelsschiff aus Alexandria an. Es war bis zum Rand beladen mit Getreide, das für den Kaiser bestimmt war. Nikolaus ging zum Schiff und bat den Kapitän, ihm Getreide zu geben, um die Not der Menschen zu lindern. Doch der Kapitän sagte: „Ich kann dir leider nichts geben. Das Korn ist genau abgemessen. Wenn wir weniger abliefern, wird uns der Kaiser hart bestrafen." Aber Nikolaus versprach, dass ihnen nicht ein Körnchen fehlen werde, wenn sie zum Kaiser kämen. Da stimmte der Kapitän schließlich zu.

So nahmen sie so viel Korn vom Schiff, wie sie brauchten. Nikolaus verteilte es im Volk. Alle wurden satt. Und es war sogar genug übrig, um es für das nächste Jahr auszusäen. So war die schreckliche Hungersnot überwunden. Die Menschen liefen zu Nikolaus und dankten ihm für seine Hilfe.

Als aber das Handelsschiff beim Kaiser ankam, fehlte tatsächlich kein einziges Körnchen. Da erzählten die Seeleute überall, was in Myra geschehen war. Sie lobten und dankten Gott. Und die Nachricht von dem Wunder breitete sich wie ein Lauffeuer in der ganzen Gegend aus.

II

Der heilige Nikolaus wird besonders als Patron der Kinder, Schüler und Studenten verehrt. Entsprechend passt die folgende Legende gut in eine Nikolausfeier einer Schule:

Nikolaus-Figur in Saint-Nicolas-de-Port

✦ *Nikolaus erweckt drei Schüler zum Leben:* Drei Schüler, die unterwegs waren, suchten eine Herberge auf, um dort die Nacht zu verbringen. Der Wirt meinte, dass die Schüler einen Schatz dabeihätten. Weil er geldgierig war, ermordete er zusammen mit seiner Frau die drei Schüler. Um die grausame Tat zu verschleiern, zerstückelte er die toten Schüler und seine Frau pökelte sie in einem Salzfass ein, genauso wie man es mit Schweinefleisch macht. Durch einen Engel hatte Nikolaus von dem Verbrechen erfahren. Da kam der heilige Nikolaus, als Bettler verkleidet, in die Herberge und bat den Wirt um ein Zimmer für die Nacht. Als der Bettler ein bisschen Verpflegung verlangte, deckte er die Tat des Wirtes auf. Durch ein Gebet erweckte Nikolaus die Schüler wieder zum Leben.

III

Bereits sehr früh wurde die folgende Legende über den heiligen Nikolaus erzählt. Sie taucht bereits in der ersten schriftlichen Quelle über sein Leben auf. Nach den drei Protagonisten der Geschichte wird sie häufig als Feldherren- oder Stratelaten-Legende bezeichnet. Diese Legende ist eher für eine Feier mit größeren Schülern geeignet.

✦ *Nikolaus befreit die Feldherren:* Es war zur Zeit des Kaisers Konstantin des Großen. Da gab es in Phrygien, einem Landstrich in der heutigen Türkei, einen Aufstand. Um wieder Frieden zu schaffen, schickte der Kaiser drei seiner Feldherren dorthin. Sie sollten den Aufstand niederschlagen und für Ruhe und Sicherheit sorgen. Doch weil der Wind ungünstig wehte, landeten die drei Feldherren mit ihrem Boot in der Nähe von Myra. Auch dort kam es bald zu Unruhen, weil die Soldaten die Häuser plünderten. Die Einwohner wehrten sich zwar, aber es entstand ein so undurchsichtiges Gefecht, dass bald jeder gegen jeden kämpfte. Nikolaus, der damals Bischof in Myra war, eilte herbei und mithilfe der drei Feldherren konnte er den Aufstand unblutig beenden. Deshalb lud er die drei zu sich ein und veranstaltete für sie ein Festmahl.

Zurück in Myra erfuhr der Bischof von einem schrecklichen Verbrechen. Der Präfekt der Stadt war bestochen worden, drei unschuldige Männer zum Tode zu verurteilen. Als sie gerade hingerichtet werden sollten, kam Nikolaus mit den drei Feldherren zum Richtplatz geeilt. Er konnte im letzten Moment verhindern, dass die drei unschuldigen Männer getötet wurden. Nikolaus stellte den Präfekten zur Rede und dieser gestand sein Verbrechen.

Als die drei Feldherren wieder zurück am Hof des Kaisers waren, wurden sie von ihm ausgezeichnet. Immerhin hatten sie den Aufstand beenden können. Doch es gab auch einen Mann, dem passte nicht, dass die drei Feldherren so geehrt wurden. Er behauptete, sie hätten den Kaiser verraten und stünden auf der falschen Seite. Der Mann konnte den Kaiser überzeugen und er ließ die drei Feldherren in den Kerker werfen. Als sie dort, in der Finsternis saßen und dem Tod entgegenblickten, erinnerten sie sich an Nikolaus. Und sie dachten daran, wie er damals die drei unschuldigen Männer vor dem Tod gerettet hatte. Sie beteten zu ihm und baten ihn, er möge ihnen doch auch jetzt helfen.

Noch in der gleichen Nacht hatte Kaiser Konstantin einen merkwürdigen Traum. Ihm erschien ein Mann, der

Nikolaus rettet die Feldherren

sich als Nikolaus von Myra vorstellte. Dieser Mann forderte den Kaiser auf, die drei unschuldigen Feldherren freizulassen, die im Kerker saßen. Ansonsten werde es einen Krieg geben, den Konstantin jämmerlich verlieren werde.

Am nächsten Morgen ließ Konstantin die drei Feldherren vorführen. Er meinte, sie hätten mit einem Zauber seine Nachtruhe gestört. Die Feldherren aber sagten immer wieder, dass sie unschuldig seien. Als sie der Kaiser fragte, ob sie einen Bischof Nikolaus aus Myra kennen, erkannten sie plötzlich, dass ihre Gebete erhört worden waren. Nikolaus selbst war es, der eingegriffen und sie vor dem Tod bewahrt hatte. Der Kaiser ließ die drei Feldherren sofort frei und schickte sie mit Geschenken nach Myra. Doch Nikolaus wollte den Dank der Feldherren nicht. Denn er wusste, dass nicht er das Wunder gewirkt hatte, sondern Gott allein.

IV

Eine ostkirchliche Legende erzählt davon, wie der heilige Nikolaus die Herzen der Menschen verwandeln kann. Wer nicht mehrere Abschnitte in seine Feier einbauen will, kann diese Geschichte verwenden. Sie erzählt kurz und knapp, worauf es in der Botschaft des heiligen Nikolaus ankommt:

✦ *Das steinerne Herz:* Ein Kaufmann war sehr reich geworden, konnte aber nie genug bekommen und wollte immer noch mehr verdienen. Als er eines Tages auf Reisen war, erschien ihm der Teufel: „Möchtest du reicher als alle werden?“, fragte er ihn.

„Nichts lieber als das!“, antwortete der Kaufmann. „Was muss ich dafür tun?“ – „Du musst mir dafür dein

Herz geben“, sagte der Verführer. Ohne zu zögern tauschte der Kaufmann sein Herz gegen einen Stein. In nur einem Augenblick war sein Herz verhärtet und eiskalt. Dann verschwand der Teufel.

In den folgenden Jahren wurde der Kaufmann reicher als alle anderen Menschen, aber auch immer verlassener und einsamer.

Als er eines Tages wieder dorthin kam, wo ihm der Teufel sein Herz genommen hatte, begegnete ihm der Bischof Nikolaus von Myra. „Warum bist du so traurig?“, fragte er den Kaufmann. Da erzählte der reiche Mann seine Geschichte. Der Heilige tröstete ihn und sprach: „Du kannst wieder glücklich werden, wenn du mit deinem Geld Gutes tust. Geh zu den Menschen und lerne ihre Not sehen und lindern.“

Der Kaufmann tat, wie der Bischof Nikolaus ihm geraten hatte. Mit jedem guten Wort und jeder helfenden Tat schmolz der Stein in seiner Brust, und stattdessen gewann er sein eigenes weiches Herz wieder zurück.

Als er starb, war aus dem armen Reichen ein reicher Armer geworden.

✦ *Als biblische Lesung eignen sich:*

Zur Botschaft des Nikolaus: Ezechiel 11,19–21, Lukas 12,32–48

Zum Hirtenamt des Bischofs: Psalm 23, Johannes 10,11–18

Welche Lieder können mit Kindern gesungen werden?

Lasst uns froh und munter sein

2. Bald ist unsre Schule aus,
dann ziehn wir vergnügt nach Haus.
Lustig, lustig, …

3. Dann stell ich den Teller auf,
Nikolaus legt gewiss was drauf.
Lustig, lustig, …

4. Wenn ich schlaf, dann träume ich,
jetzt bringt Nikolaus was für mich.
Lustig, lustig, …

5. Wenn ich aufgestanden bin,
lauf ich schnell zum Teller hin
Lustig, lustig, …

6. Nik'laus ist ein guter Mann,
dem man nicht genug danken kann.
Lustig, lustig, …

Der Nikolaus

T: Rolf Krenzer, M: Robert Haas, © Robert Haas Musikverlag, Kempten

2. Einst herrschte große Hungersnot,
da bat der Bischof Gott um Brot.
Und Gott stand ihm zur Seite:
Beladen mit Getreide,
fuhr in den Hafen bald ein Boot,
das brachte Korn für Mehl, für Brot.

3. Drei Kinder litten große Not.
Der Vater krank, die Mutter tot.
Drei Säcke tat er bringen,
gefüllt mit schönsten Dingen.
Die stellt er heimlich vor ihr Haus.
So einer war der Nikolaus.

4. Der Bischof war ein guter Herr.
Er liebte einst die Kinder sehr
und schenkte so viel Freude.
Und so ist es noch heute.
So geht auch heut der Nikolaus
von Stadt zu Stadt, von Haus zu Haus.

Sei gegrüßt, lieber Nikolaus

T: Rolf Krenzer, M: Detlev Jöcker, © Menschenkinder Verlag und Vertrieb GmbH, Münster c/o Melodie der Welt GmbH & Co. KG, Frankfurt am Main

2. Der Nikolaus ist hier.
„Hat jemand Angst vor mir?“
Wir rufen ganz laut: „Nein!“
„Dann komm ich gern herein.“

3. Du bist ein lieber Mann,
das sieht dir jeder an,
siehst wie ein Bischof aus,
wie Bischof Nikolaus.

4. Der Bischof Nikolaus
ging einst von Haus zu Haus.
Da warn die Kinder froh.
Das ist noch heute so.

5. Der Bischof Nikolaus
teilt’ einst die Gaben aus.
Du machst es ebenso,
drum sind wir Kinder froh.

6. Musst du dann weitergehn
und sagst: „Auf Wiedersehen!“,
gehen wir mit bis zur Tür
und alle winken dir.

Äpfel, Nüsse, Mandelkern

T: Eugen Eckert, M: Peter Reulein, © Dehm-Verlag, Limburg
www.dehm-verlag.de

2. Hast du Zeit, dann komm herein!
Ich zeig dir gern mein Zuhaus
und lad dich zum Zuhörn ein:
auf mein Lied vom Nikolaus.

3. Hast du's eilig, steht ein Schuh
hoffnungsvoll im Treppenhaus;
ist so groß, ich geb es zu,
dein Geschenk, o Nikolaus.

4. Äpfel, Nüsse, Mandelkern,
Zuckerkringel, Gaumenschmaus!
Alle Kinder mögen gern
dein Geschenk, o Nikolaus.

Welche Gebete können im Gottesdienst verwendet werden?

Gebet I

Herr Jesus Christus, du hast deine Jünger ausgesendet und ihnen aufgetragen, vom nahegekommenen Gottesreich zu erzählen. Der heilige Nikolaus war auch einer deiner Jünger. Er hat an dich geglaubt und deine Frohbotschaft weitergesagt. Durch seine Taten der Liebe und Güte hat er das Reich Gottes schon mitten unter den Menschen anbrechen lassen. Wir bitten dich: Gib uns den Mut, es dem heiligen Nikolaus gleichzutun. Dann können auch wir deine Jünger sein. Amen.

Gebet II

Herr Jesus Christus, du hast gesagt: Liebt einander, wie auch ich euch geliebt habe. Der heilige Nikolaus hat deine Liebe weitergegeben. Er hat sich nicht gescheut, anderen Menschen zu helfen. Er zeigt auch uns, dass es wichtig ist, die Not unserer Mitmenschen nicht zu übersehen. Wir bitten dich, Herr Jesus: Lass uns die Menschen lieben, wie du sie geliebt hast. Und schenke uns die Kraft, die anderen nicht im Stich zu lassen, sondern ihnen zu helfen, wenn sie alleine nicht mehr weiterkommen. Amen.

Gebet III

Liebender Gott, du gibst uns Menschen, was wir zum Leben brauchen. Doch nicht allen geht es so gut wie uns. Viele haben nicht genügend zu essen. Und andere haben nicht einmal ein Dach über dem Kopf. Gott, wir bitten dich: Hilf uns, dass wir uns am heiligen Nikolaus ein Beispiel nehmen. Lass uns großzügig sein, dass wir den anderen Menschen weitergeben, was wir selbst empfangen haben. Dann schauen wir nicht nur auf uns. Dann denken wir auch an die anderen Menschen und zeigen ihnen unsere Liebe. Darum bitten wir dich durch Jesus, deinen Sohn, der mit dir im Heiligen Geist lebt und herrscht in alle Ewigkeit. Amen.

Gebet IV

Guter Gott, der heilige Nikolaus war gerne bei den Menschen und hat ihnen von dir und deinem Sohn Jesus erzählt. Er hat den Menschen geholfen, ihnen zugehört und vieles getan, dass es ihnen gut geht. Wir bitten dich: Mache auch uns bereit, dass wir den Menschen von dir erzählen. Lass uns die Menschen fröhlich machen und ihnen neue Hoffnung schenken, so wie es der heilige Nikolaus getan hat. Darum bitten wir dich durch Jesus Christus, unseren Herrn. Amen.

Fürbitten I

Guter Gott, der heilige Nikolaus war erfüllt von deiner Liebe und hat sie den Menschen weitergeschenkt. Wir bitten dich:

- Wir beten heute besonders für die Menschen, die einsam und alleingelassen sind.
- Wir beten für die Menschen, die traurig sind und weinen.
- Wir beten für die Menschen, die niemanden haben, der ihnen eine Freude macht.
- Wir beten für die Menschen, die unter Krieg und Terror leiden.

Gott, du kennst uns Menschen und bist uns allezeit nahe auf unserem Weg. Dich loben und preisen wir, heute und in Ewigkeit.

Fürbitten II

Herr Jesus Christus, für dich waren alle Menschen wertvoll. Niemanden hast du ausgeschlossen, alle hast du an deinen Tisch gerufen. Der heilige Nikolaus hat es dir gleichgetan und hat nach deinem Beispiel gelebt. Auf seine Fürsprache bitten wir dich:

- Lass die armen und obdachlosen Menschen eine kleine Freude erfahren.
- Tröste alle, die traurig sind und die Angst vor der Zukunft haben.
- Bewahre die Seeleute vor Schiffbruch und schlimmen Katastrophen.
- Sei bei denen, die an deiner Nähe zweifeln und sich einsam fühlen.

Ehre sei dem Vater, Ehre sei dem Sohn, Ehre sei dem Heiligen Geist. Dem einen Gott sei Ehre und Dank in Zeit und Ewigkeit.

Einladung zum Vaterunser-Gebet

Der heilige Nikolaus hat nicht nur auf sich geschaut. Er wollte vor allem, dass es seinen Mitmenschen, die in Not sind, gut geht. Er hat selber auf Reichtum verzichtet, um andere glücklich zu machen. Wie Jesus hat er die Menschen geliebt. Dadurch ist das Reich Gottes schon in dieser Welt angebrochen. Denn es ist da, wo Menschen sich selbst nicht so wichtig nehmen und das weitermachen, was Jesus begonnen hat. Gemeinsam wollen wir um den Anbruch des Gottesreiches in unserem Alltag beten. Wir tun dies mit den Worten, die Jesus selbst uns gelehrt hat: Vater unser, …

Segen I

Nikolaus ist ein Freund der Erwachsenen und besonders der Kinder. Er will alle Menschen daran erinnern, dass Gott für uns Menschen da ist, und möchte, dass es uns gut geht. Wir bitten jetzt: Guter Gott, sei du bei uns und segne uns. Im Namen des Vaters, des Sohnes und des Heiligen Geistes. Amen.

Segen II

Der heilige Nikolaus hat Gott zu den Menschen gebracht. Er hat mit seinem Leben dazu beigetragen, dass unsere Welt ein bisschen mehr von Gottes Nähe und Gottes Liebe spürt. Wir bitten jetzt: Gott, bleibe bei uns auf unseren Wegen. Segne uns und lass uns nie vergessen, dass du immer an unserer Seite bist. Im Namen des Vaters, des Sohnes und des Heiligen Geistes. Amen.

Segen III

Nikolaus hat die Frohe Botschaft Jesu weitergesagt. Er hat die Menschen spüren lassen, wie sehr Gott uns liebt und dass Gott will, dass es uns gut geht. Guter Gott, segne und stärke uns, damit wir wie Nikolaus zu den Menschen gut sind. Im Namen des Vaters, des Sohnes und des Heiligen Geistes. Amen.

Quellen

Texte:

Seite 52–59 (Legenden, Abschnitt I): Anselm Grün, Die Legende vom Nikolaus, © Verlag Herder GmbH, Freiburg im Breisgau 2012; Bilderbuch mit Illustrationen von Giuliano Ferri

Bilder:

Seite 2: Francesco Guardi, Segnender heiliger Nicolaus, Öl auf Leinwand, 129 × 74 cm, 1745–1750, Castello di Miramare in Triest/Italien

Seite 10–11: Das Leben des heiligen Nikolaus, Tafel 1 und 2, Kirche St. Marien in Mühlhausen in Thüringen

Seite 14: Konzil von Nikaia, Altarfresko in der Kirche St. Nichola in Myra, dem heutigen Demre/Türkei

Seite 16: Paolo Veronese, Bischofsweihe des heiligen Nikolaus, Öl auf Leinwand, Durchmesser 198 cm, zwischen 1580 und 1582, Galleria dell'Accademia in Venedig/Italien

Seite 19: Gentile da Fabriano, Kranke und Pilger am Grab des heiligen Nikolaus, Tempera auf Holz, 35 × 36 cm, um 1425, National Gallery of Art in Washington/USA

Seite 20: Übertragung der Gebeine des heiligen Nikolaus nach Bari, Fresko im Dečani-Kloster/Serbien

Seite 22: Heiliger Nikolaus, Russische Ikone, 32 × 23 cm, 1294, Kirche St. Nicholas in Nowgorod/Russland

Seite 32: Darstellung eines Kinderbischofs mit zwei Ministranten im Kollegiatstift St. Stephan in Bamberg um 1581/1583, Buchmalerei im: Index omnium Festorum et sanctorum secundum ordinem Stephaninae ecclesiae Bambergae annuatim dies demomtrans, Staatsbibliothek Bamberg, HV.Msc. 476, 251v

Seite 54–55: Fra Angelico, Predellatafel des Triptychons von San Domenico in Perugia zum Leben des heiligen Nikolaus, Tempera auf Holz, 34 × 60 cm, etwa 1437, Pinacoteca Vaticana in Rom/Italien

Seite 57: Meister aus dem Umkreis Friedrich Herlins, Darstellung aus der Legende eines heiligen Bischofs, Mischtechnik auf Holz, 50,2 × 66,8 cm, ca. 1480, Städelsches Museum in Frankfurt

Seite 58: Detail zum Kornwunder aus dem Gemälde: Fra Angelico, Der heilige Nikolaus rettet ein Schiff, Tempera, 34 x 60 cm, 1447, Pinacoteca Vaticana in Rom/Italien

Seite 60: Nikolaus-Figur am Trumeaupfeiler des Hauptportals der Basilika Saint-Nicolas in Saint-Nicolas-de-Port/Frankreich

Seite 63: Werkstatt von Colijn de Coter, Stratelatenlegende, Flügel des Nikolaus-Altars in Orsoy, um 1500

Die Zeichnungen stammen von Yulia Vershinskaya, Freiburg, vershinskaya@yv-design.de